Vegetables

Povrće

Words in English and Bosnian

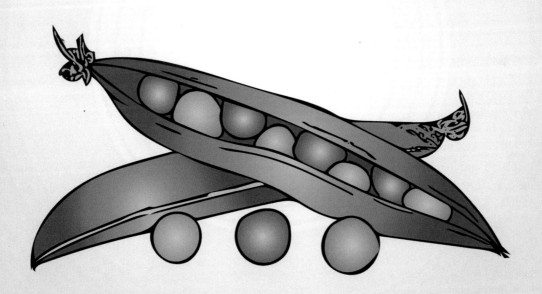

Morgan Kadric

For Sedin & Ajdin-
You are my everything.

Bosnian Alphabet

Letter	Sounds Like	Example
a	ah	calm
b	b	
c	tz	pretzel
ć, č	ch	chair
d	d	
đ, dž	juh	adjust, joke
e	eh/ea	bed, head
f	f	
g	g	goat
h	h	
i	ee	peek
j	y	yellow
k	k	
l	l	
lj	li	million
m	m	
n	n	
nj	ni	minion
o	oh	boat
p	p	
r	r	
s	ss	snake
š	sh	ship
t	t	
u	oo	noon
v	v	
z	z	
ž	s/zh	measure

Engleska Abeceda

Slovo	Izgovor
a	ej
b	bi
c	si
d	di
e	i
f	ef
g	dži
h	ejč
i	aj
j	džej
k	kej
l	el
m	em
n	en
o	ou
p	pi
q	kju
r	ar
s	es
t	ti
u	ju
v	vi
w	dablju
x	eks
y	uaj
z	zi

Carrot

Mrkva

Cabbage

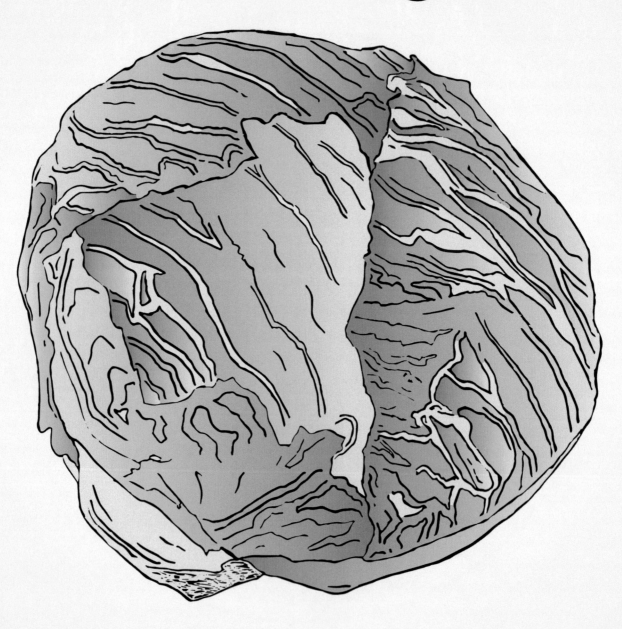

Kupus

Mushrooms

Gljive

Green Beans

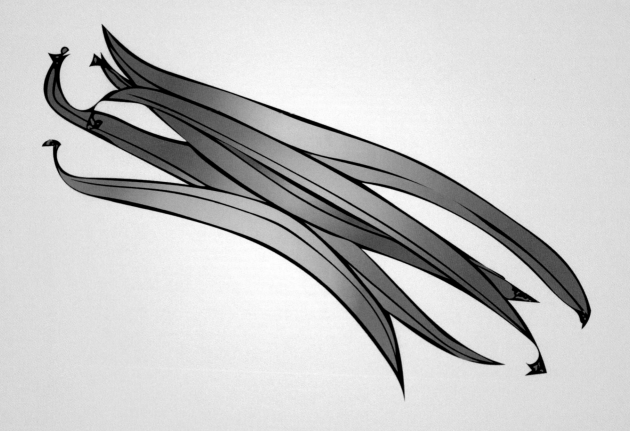

Boranija

Radishes

Rotkvice

Peas

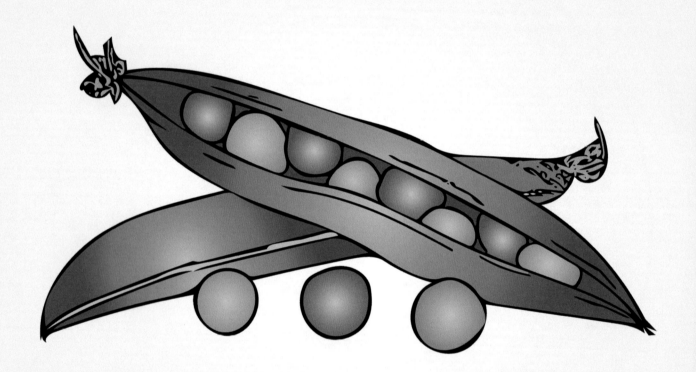

Grašak

Garlic

Bijeli Luk

Celery

Celer

Tomato

Paradajz

Eggplant

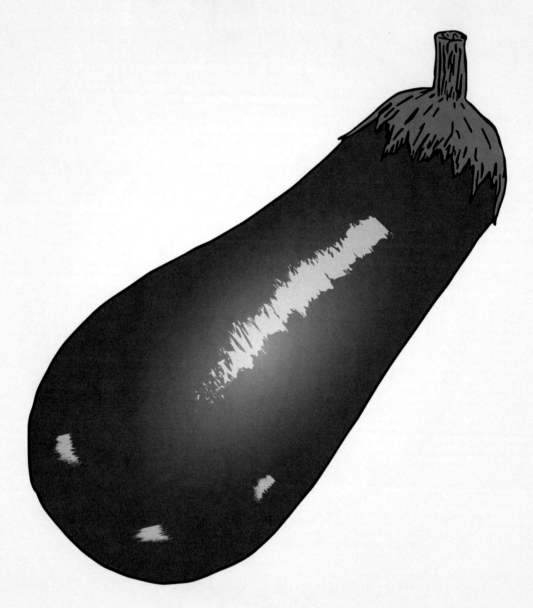

Patlidžan

Pumpkin

Tikva

Cucumber

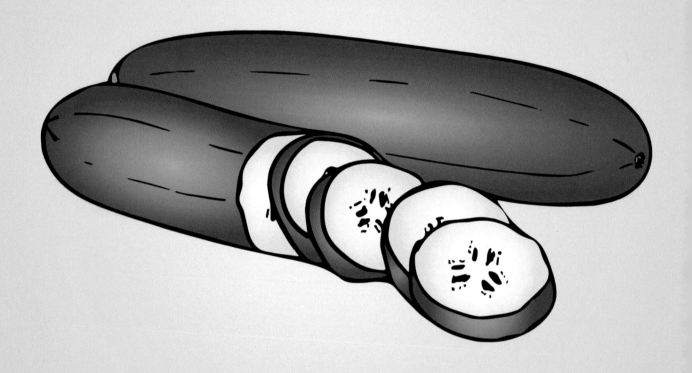

Krastavac

Pepper

Paprika

Lettuce

Zelena Salata

Onion

Luk

Broccoli

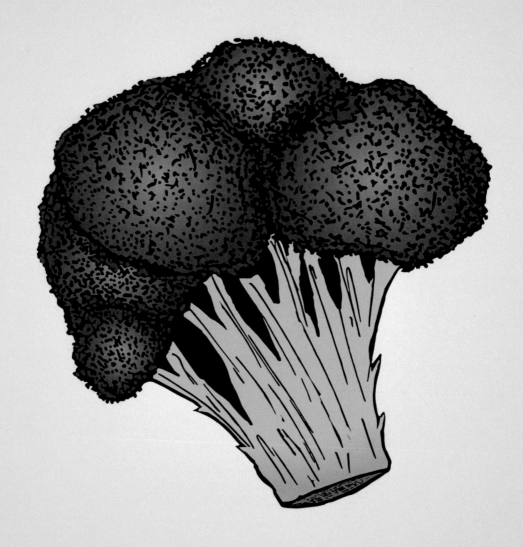

Brokoli

Sweet Potato

Slatki Krompir

Asparagus

Šparoge

Beans

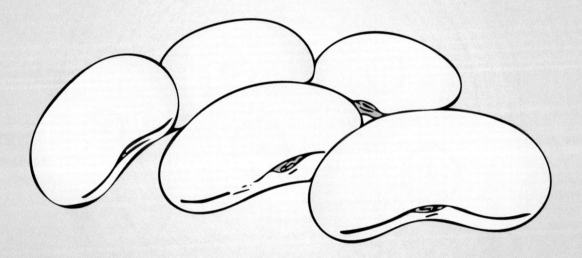

Grah

Corn

Kukuruz

Leek

Praziluk

Zucchini

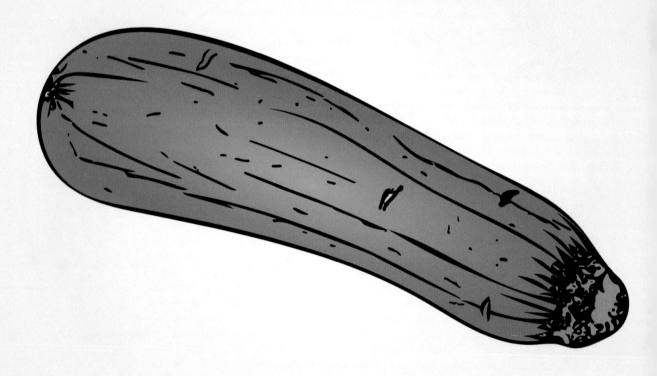

Tikvica

Potato

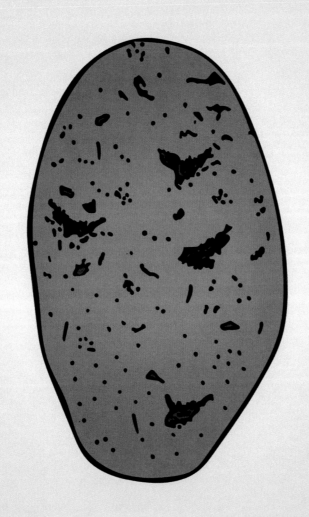

Krompir

Spinach

Spanać

Avocado

Avokado

TEACH ME!

BOSNIAN

LANGUAGE BASICS

Check out other books in the series at
alderwoodpublishing.com